Frère Roger, Taizé

Gott kann nur lieben

Frère Roger, Taizé

Gott kann nur lieben

Erfahrungen und Begegnungen

Titel der französischen Originalausgabe:
Dieu ne peut qu'aimer

Übersetzung aus dem Französischen:
Communauté von Taizé und Wolfgang Bader
www.taize.fr/de

Für die deutschsprachige Ausgabe:

www.herder.de

Umschlagmotiv: Sabine Leutenegger, CH-Wil
Covergestaltung: Verlag Herder
Innengestaltung: Barbara Herrmann, Freiburg
Herstellung: GGP Media GmbH, Pößneck

Printed in Germany

ISBN Print 978-3-451-03239-4
ISBN E-Book (PDF) 978-3-451-83293-2

Inhalt

Was macht unser Leben schön?

Ganz einfach vertrauen

Gibt es etwas, was das Leben schön macht, wovon man sagen kann, dass es den Menschen aufleben lässt und ihn zu tiefer Freude führt? Ja, so etwas gibt es. Das Vertrauen gehört dazu.

Entsteht das Beste in uns nicht durch ein ganz einfaches Vertrauen, zu dem selbst ein Kind fähig ist?

In jedem Alter erfahren Menschen Schmerz, Verlassenheit oder den Tod eines Nahestehenden. Und für viele ist die Zukunft so ungewiss, dass sie die Freude am Leben verlieren.

In Gott entspringt für alle die Quelle des Vertrauens: Er ist Liebe und Vergebung, er wohnt in der Seele eines jeden Menschen.

Wer aus dem Vertrauen lebt, übersieht nicht, in welcher Not viele Menschen leben. Das stellt uns die Frage: Wie können wir – getragen von einem Leben in Gemeinschaft mit Gott – dazu beitragen, dass die Erde bewohnbarer wird?

Wer aus dem Vertrauen lebt, weicht der Verantwortung nicht aus. Auch wenn die Gesellschaft ins Wanken gerät, lässt er sich von Fehlschlägen nicht aufhalten. Dieses Vertrauen schenkt die Kraft zu lieben, ohne auf sich selbst zu schauen.

Überall auf der Erde bemühen sich Jugendliche, die Wunden der Menschheitsfamilie zu heilen. Ihr Vertrauen kann anderen das Leben schön machen. – Ist ihnen bewusst, welche Hoffnung sie ausstrahlen?

Auch nach vierzig Jahren staunen wir Brüder, dass Jugendliche so zahlreich nach Taizé kommen – nicht nur aus Ost- und Westeuropa, sondern mehr und mehr auch aus anderen Erdteilen. Auf ihren Gesichtern sehen wir die sehr ernste Frage: Worin besteht der Sinn meines Lebens? Manche fragen sich auch, wozu Gott sie ruft.

Sei es in Taizé oder in den kleinen Fraternitäten, in denen Brüder an verschiedenen Orten auf der Welt mitten unter den Ärmsten leben, sei es bei Treffen in großen Städten – überall möchten wir uns gemeinsam mit den Jugendlichen die Frage stellen: Wo kann man immer wieder neu Mut schöpfen? Wie können wir aus Christus für andere leben?

Wir Brüder möchten keine Meister des geistlichen Lebens sein. Wir möchten den Menschen, die zu uns kommen, zuhören. – Sie sollen nicht nur ihre Grenzen und ihre Verletzungen aussprechen können, sondern auch ihre Talente entdecken und vor allem erahnen, dass es ein Leben in Gemeinschaft mit Gott gibt, mit Christus und dem Heiligen Geist.

Den Anderen zutiefst verstehen wollen

Immer öfter fragen mich Jugendliche: „Was ist für Sie das Schönste im Leben?“ Ohne zu zögern antworte ich: „Das gemeinsame Gebet mit den langen Zeiten der Stille.“

Und zum Schönsten in meinem Leben gehören auch die persönlichen Gespräche, in denen man einen Menschen in seiner Ganzheit kennenlernen kann, all das, was ihn geprägt hat – ein Schicksalsschlag, ein innerer Bruch, oder auch die einmaligen Gaben, durch die das Leben in Gott zur Fülle gelangt.

Es geht darum, einen Menschen als Ganzen zu verstehen, nicht sosehr durch lange Erklärungen, sondern anhand einiger Worte oder Gesten. Es genügt nicht, nur über das zu sprechen, was ihn im Inneren verletzt. Es geht darum, die besondere Gabe zu entdecken, die Gott als Grundpfeiler seines Lebens in ihn gelegt hat. Hat man diese Gabe oder Gaben gefunden, öffnen sich neue Wege.

Also nicht bei den „Knoten“, Misserfolgen oder inneren Widersprüchen stehenbleiben, für die sich immer unzählige Erklärungen finden. Versuchen, sobald wie möglich zum Wesentlichen zu kommen: Die einzigartigen Gaben und Talente freilegen, die jedem Menschen geschenkt sind, sie nicht vergraben, sondern sie in Gott lebendig werden lassen.

Das Schönste in meinem Leben? Ich könnte noch unendlich mehr aufzählen: die seltenen Gelegenheiten, einfach wegzufahren, das Weite zu suchen … Im Gespräch vertieft durch die Straßen einer Großstadt gehen … Gäste zu einem einfachen Essen einladen …

Siehst du den Weg der Hoffnung?

Gibt es im Evangelium etwas, wodurch das Leben schön wird? – Ja, zum Beispiel die Hoffnung. Mit ihr kann man die Mutlosigkeit ablegen und wieder Geschmack am Leben finden.

Es ist eine Quelle der Hoffnung, in Gott ein Leben der Gemeinschaft zu wagen. Wie ist das möglich? – Gott hat uns als Erster geliebt.[1] Und er hört nicht auf, uns zu suchen, auch wenn uns das nicht bewusst ist.[2]

Und noch etwas im Evangelium macht das Leben schön: der Friede in unserem Herzen. Es gibt Triebe im Menschen, die ihn gewalttätig werden lassen. Im vierten Jahrhundert nach Christus schrieb Ambrosius, ein Christ aus Mailand: „Beginnt in euch, Frieden zu stiften, und wenn ihr ihn gefunden habt, gebt ihn anderen weiter!“[3] Ja, der Friede in unserem Herzen macht den Menschen, mit denen wir zusammenleben, das Leben schön.

Das Vertrauen, die Hoffnung und den Frieden des Herzens schöpfen wir aus einer geheimnisvollen Quelle: der Gegenwart Christi. In großer Demut wohnt Christus durch den Heiligen Geist in jedem von uns. Wir hören, wie er ganz leise zu uns spricht: „Siehst du den Weg der Hoffnung, der vor dir liegt?"

Am liebsten würde man Christus sagen: „Ich möchte dir mein ganzes Leben lang auf diesem Weg nachfolgen, aber du weißt, wie schwach ich bin!" Im Evangelium antwortet er uns: „Ich kenne deine Not und deine Armut ... Du meinst, du hättest nichts oder nicht genug, um dein Leben lang treu zu sein. Und doch ist dir bereits alles geschenkt: die Gegenwart des Heiligen Geistes. – Seine Barmherzigkeit macht selbst die Schatten deiner Seele hell."[4]

Einen Abend im Sommer 1942 werde ich nie vergessen. Ich war damals noch allein in Taizé. Ich saß an einem kleinen Tisch und schrieb. Es war Krieg. Ich wusste, dass ich wegen der Flüchtlinge, die ich im Haus aufgenommen hatte, in Gefahr war. Unter ihnen waren auch Juden. Man konnte mich jederzeit verhaften und einsperren. Immer wieder kamen Polizisten in Zivil vorbei und verhörten mich. An jenem Abend schnürte mir die Angst fast die Kehle zu. Da sagte ich voll Vertrauen zu Gott: „Selbst wenn man mir das Leben nimmt, weiß ich, dass du, der lebendige Gott, die

Gemeinschaft weiterführen wirst, die hier begonnen hat.“

Wer sein ganzes Leben Christus anvertrauen will, muss eine Entscheidung treffen: Er muss sich von unendlicher Dankbarkeit gegenüber Gott erfüllen lassen. Diese Dankbarkeit weckt in uns den Geist des Lobpreises.

Gott will, dass wir glücklich sind …[5] Dazu gehört, dass wir von einer Entdeckung zur nächsten, von Neubeginn zu Neubeginn gehen und immer wieder die Bedrängnisse annehmen, die das Leben mit sich bringt. Wenn wir in allem den Frieden des Herzens suchen, wird das Leben schön … Und es bricht etwas auf, das wir nie erhofft hätten.

Heiliger Geist, inneres Licht,
in die Furchen unseres Lebens
legst du ein ganz einfaches Vertrauen auf dich.
Wir möchten uns dir öffnen,
so wie wir sind:
arme Menschen des Evangeliums.

Eine geheimnisvolle Gegenwart

Christus ist mit jedem Menschen verbunden

Könnten wir in das Herz eines Menschen sehen – was würden wir finden? Wir wären überrascht, wie sehr jeder Mensch sich nach deiner Gegenwart sehnt; tief in sich trägt er ein stilles Verlangen nach Gemeinschaft.

Im Evangelium finden wir eine Antwort auf diese Sehnsucht. Der Evangelist Johannes formuliert sie so: „Das Licht, das jeden Menschen erleuchtet, ist in die Welt gekommen.“[6] Es ist das Licht des auferstandenen Christus. Auch wenn es uns nicht bewusst ist, Christus ist jedem Menschen nah.

Doch wer ist dieser Christus, von dem das Evangelium spricht?

Christus ist seit Beginn des Universums, seit aller Ewigkeit, in Gott.[7] Als Mensch ist er zu den Menschen gegangen. Hätte Jesus nicht unter uns gelebt, wäre Gott weit, unerreichbar weit weg. Doch Jesu Leben gibt uns zu erkennen, wer Gott ist.[8]

Christus ist von den Toten auferstanden und lebt heute durch den Heiligen Geist in jedem von uns.[9]

Mit dem Zweiten Vatikanischen Konzil* wurde eine strahlende Botschaft des Evangeliums vom Staub der Jahrhunderte befreit: „Christus ist ausnahmslos mit jedem Menschen vereint …“[10] Papst

---

* Von 1962 bis 1965 (Anm. des Hrsg.).

Johannes Paul II. fügte später hinzu: „... auch mit dem, der sich dessen nicht bewusst ist.“[11]

Jedes Jahr versuche ich, dem Papst bei einer Privataudienz eine Freude zu bereiten. Ich sage ihm jedes Mal, welches seiner Worte uns Hoffnung macht. Einmal erwähnte ich den faszinierenden Gedanken, dass „Christus mit jedem Menschen vereint ist, selbst wenn dieser sich dessen nicht bewusst ist.“ Ich sagte zu ihm, dass dieser Satz vielen helfen könne, den Glauben besser zu verstehen.

Unzählige Menschen wissen nicht, dass Christus mit ihnen vereint ist und mit Liebe auf jedes Leben blickt. Sie wissen nichts von Gott, kennen nicht einmal seinen Namen. Und doch ist Gott mit jedem Menschen in Gemeinschaft.

Auch der orthodoxe Theologe Olivier Clément bringt dies zum Ausdruck, wenn er schreibt, dass der unsichtbare Gott über jeden Menschen „sein Licht, seinen Frieden und seine Liebe ausgießt“[12].

Und von einem alten russisch-orthodoxen Bischof namens Serafim haben wir vor Jahren einmal etwas Ähnliches gehört. Er sprach in Taizé abends zu den Jugendlichen in der Kirche und betonte: „Jedes menschliche Geschöpf ist vom Heiligen Geist bewohnt.“ Der Bischof war etwas schwerhörig und fragte den Bruder neben sich laut, so dass es alle hören konnten: „Haben die Jugendlichen das auch verstanden: Jeder Mensch ist vom Heiligen Geist bewohnt!“

Im 7. Jahrhundert schrieb *Maxim der Bekenner*: „Der Heilige Geist ist keinem Menschen fern.“[13] Manche wissen aus der Schrift, dass der Heilige Geist in ihnen wohnt. Andere wissen es noch nicht oder werden es auf Erden nie erfahren, sondern erst im Leben der Ewigkeit.

Der Heilige Geist – Beistand und Tröster

Wäre Christus nicht von den Toten auferstanden und hätte er seinen Heiligen Geist nicht gesandt, wäre er nicht für jeden Menschen gegenwärtig. Er wäre eine von vielen bemerkenswerten Persönlichkeiten der Geschichte, aber wir könnten nicht mit ihm sprechen. Wir würden nicht wagen, zu ihm zu sagen: „Jesus Christus, ich stütze mich immer auf dich; und wenn ich nicht beten kann, bist du mein Gebet.“

Bei seinem Abschied hat Christus den Jüngern versprochen, ihnen als Tröster und Beistand den Heiligen Geist zu senden.[14] So können wir begreifen: Wie Christus auf Erden mit den Seinen gelebt hat, so ist er durch den Heiligen Geist heute für alle Menschen gegenwärtig. Seine Gegenwart ist für manche spürbar, für andere eher verborgen, aber sie ist auf geheimnisvolle Weise immer da. Es ist, als würde Christus sagen: „Weißt du nicht, dass ich da bin und durch den Heiligen Geist in dir lebe? Ich verlasse dich nie.“[15]

Diese geheimnisvolle Gegenwart ist unseren Augen verborgen. Der Glaube bleibt für jeden Menschen ein demütiges Vertrauen auf Christus und den Heiligen Geist.

Der Glaube ist eine einfache Wirklichkeit – für jemanden, der weder lesen noch schreiben kann, genauso wie für einen gebildeten Menschen. Der russische Schriftsteller Tolstoi erzählt, wie er unterwegs einmal mit einem Bauern ins Gespräch kam, der zu ihm sagte: „Ich lebe für Gott." Mit vier Worten öffnete ihm dieser Mann die Tiefe seiner Seele. Da sagte sich Tolstoi: „Ich bin gebildet und weiß viel, doch zu Worten wie dieser Bauer wäre ich nicht im Stande gewesen."[16]

Das Vertrauen auf Gott lässt sich nicht anhand von Argumenten weitergeben. Jemanden um jeden Preis überzeugen zu wollen, löst oft Unruhe oder sogar Angst aus. Das Evangelium berührt uns zuallererst tief im Herzen.

Licht im Dunkel

Der Heilige Geist ist Licht – wie ein Strahl der Liebe Gottes in der Nacht eines jeden Menschen. Durch diese geheimnisvolle Gegenwart trägt uns der Auferstandene. Er nimmt alles auf sich, auch das Schlimmste, was uns im Leben widerfahren kann.

Wir staunen über diese Liebe und können eines Tages vielleicht sagen: „Jesus, der Auferstandene, wohnte in mir, obwohl ich ihn nicht spürte. Überall habe ich ihn gesucht, nur nicht an den Quellen, die er tief in mich gelegt hat. Soweit ich auch lief, ich verirrte mich in Sackgassen. Die Freude in Gott fand ich nicht. Allmählich begriff ich, dass Christus mich nie verlassen hat. Ich wagte kaum, ihn anzusprechen, aber er verstand mich und kam von sich aus auf mich zu. Und als sich der Schleier der Sorgen hob, strahlte das Vertrauen des Glaubens bis in meine Nacht.“

Warum ist das Vertrauen auf Christus, dieses Licht in unserer Nacht, für mich so wichtig? Bei dieser Frage wird mir bewusst, dass dies etwas mit meiner Kindheit zu tun hat.

In der Weihnachtszeit saß ich oft lange vor der Krippe und betrachtete Maria mit dem kleinen Kind zu ihren Füßen. Ein so schlichtes Bild vergisst man nicht mehr und eines Tages begreift man: In Christus ist Gott zu uns gekommen.

An Heiligabend gingen wir immer in die Kirche. Als ich fünf oder sechs Jahre alt war, wohnten wir in einem Bergdorf und mussten durch den Schnee stapfen. Mein Vater nahm mich, den Jüngsten, bei der Hand – hinter uns meine Mutter, mein Bruder und meine sieben Schwestern. Am klaren Himmel zeigte mein Vater mir den Abendstern, den die Weisen gesehen hatten.

Daran muss ich jedes Mal denken, wenn wir den Satz aus dem Petrusbrief lesen: „Schaut auf

Christus, wie auf einen Stern, der in der Nacht scheint, bis das Morgenrot aufgeht und der Tag anbricht in eurem Herzen.“[17]

Christus, voll Erbarmen,
mag es in uns auch dunkel sein,
an den Quellen deines Evangeliums
entdecken wir,
dass du auf geheimnisvolle Weise
in jedem Menschen gegenwärtig bist.

In Ewigkeit geliebt

Gott liebt uns, noch bevor wir ihn lieben

„Liebst du mich?“ Das war die letzte Frage des auferstandenen Jesus an Petrus.[18] Bevor Jesus am Kreuz gefoltert wurde, hatte Petrus ihn dreimal verleugnet. Das bedrückt Petrus zutiefst. Nach seiner Auferstehung kommt Christus auf ihn zu. Er macht ihm keine Vorwürfe. Christus ist voll Erbarmen. Er selbst war Mensch und kennt die Abgründe des menschlichen Lebens.

Christus spricht zu Petrus nur die drei Worte: „Liebst du mich?“ Darauf antwortet dieser: „Herr, du weißt, dass ich dich liebe.“ Jesus fragt ihn ein zweites Mal: „Liebst du mich?“, und Petrus antwortet erneut: „Du weißt, dass ich dich liebe.“ Doch Jesus fragt noch ein drittes Mal: „Liebst du mich mehr als die anderen mich lieben?“ Da ist Petrus erschüttert und sagt: „Herr, du weißt alles, du weißt, dass ich dich liebe.“

Auch wir können sagen: „Christus, wenn du uns heute, so wie Petrus damals, die Frage stellst: ‚Liebst du mich?‘, dann stammeln wir nur: ‚Christus, du weißt, dass ich dich liebe. Vielleicht nicht so, wie ich möchte, aber ich liebe dich.‘“

Christus zwingt niemanden, ihn zu lieben. – Er hat uns als Erster geliebt.[19] Wie verschieden wir auch sind, Jesus steht an unserer Seite. Selbst in Zeiten von Dürre und Brüchen ist er da. In seiner Liebe hat die Ewigkeit bereits begonnen.

Gott liebt uns, bevor wir ihn lieben: Diese

Wirklichkeit des Evangeliums versteht jedes Kind. Einmal kam ein neunjähriger Junge in der Kirche zu mir, um sich zu verabschieden. Die ganze Woche war er mit uns beim gemeinsamen Gebet. Er litt darunter, dass sein Vater die Familie verlassen hat. Ich schrieb ihm auf einen Zettel: „Gott hat dich geliebt, bevor du ihn geliebt hast. Er hat ein tiefes Vertrauen in dich." Solche Worte sind für ein Kind nicht leicht zu verstehen. Vielleicht erklärt es ihm seine Großmutter; vielleicht versteht er sie auch von selbst. Sein Leid hat ihn schon früh zu einer großen Reife geführt.

„Gott liebt uns, bevor wir ihn geliebt haben." Ich glaube, ich habe dies als Kind begriffen. Im Sommer wurde bei uns nachmittags gelegentlich ein Buch gelesen, unter anderem die *Geschichte von Port-Royal* von Charles-Augustin Sainte-Beuve über das Leben einer Gemeinschaft von Zisterzienserinnen im 17. Jahrhundert in der Nähe von Paris. Im Jahr 1602 starb die Äbtissin des Klosters, und Angélique Arnauld, die Tochter eines Pariser Rechtsanwalts, wurde trotz ihrer Jugend zu deren Nachfolgerin bestimmt. Ihr Großvater hatte dies, wie damals üblich, arrangiert. Angélique Arnauld hatte sich ihr Leben zwar anders vorgestellt, doch sie blieb im Kloster und lebte mehrere Jahre in großer innerer Unruhe.

Saint-Beuve erzählt, wie eines Tages – die junge Äbtissin war damals siebzehn Jahre alt –

ein Priester auf der Durchreise zu den Schwestern sprach. Dieser Mann war für seinen ungeordneten Lebenswandel bekannt, an jenem Tag sprach er aber mit solcher Klarheit von der Liebe Gottes und dessen unablässiger, grenzenloser Güte, dass seine Worte bei der jungen Angélique Arnauld eine innere Umkehr auslösten: „Gott berührte mich in diesem Moment so tief, dass mir das Unglück meines Klosterlebens auf einmal wie ein großes Glück erschien."

Sie besann sich auf die ursprüngliche Berufung ihrer Gemeinschaft und führte tiefgreifende Veränderungen durch. Nach und nach wurde das Kloster zu einem Ort mit großer Ausstrahlung. Unter anderem trat die Schwester von Blaise Pascal in die Gemeinschaft ein. In der Nähe des Klosters zogen sich auch Männer für kürzere oder längere Zeit zu Gebet und geistiger Arbeit zurück; man nannte sie die „Herren von Port-Royal".

Meine Mutter bewunderte diesen Teil der Geschichte von Port-Royal. Auf ihrem kleinen Schreibtisch hatte sie sogar ein Bild von Angélique Arnauld als Ordensfrau und nannte sie „meine unsichtbare Freundin".

Mich faszinierte, was das Leben einer kleinen Gemeinschaft von Frauen bewirken konnte. – In unserem Garten stand eine große Eibe. Eines Tages, ich war vielleicht sechzehn Jahre alt, stellte ich mich vor diesen Baum und sagte: „Wenn einige Frauen das Evangelium zum Strahlen bringen, indem sie auf einen gemeinsamen Ruf antworten und um Christi willen ihr Leben hingeben – sollten dann nicht auch einige Männer durch ein Leben in Gemeinschaft dazu in der Lage sein?"

Das Leben einer Gemeinschaft kann ein Zeichen dafür sein, dass Gott die Liebe ist und nichts als die Liebe. Dieser Gedanke hat mich, so glaube ich, seit damals nicht mehr losgelassen. Allmählich kam ich zur Überzeugung, dass es für mich darum ging, eine Gemeinschaft von Männern zu beginnen, die entschlossen ihr Leben hingeben, die einander verstehen wollen und sich immer wieder versöhnen – eine Gemeinschaft, in der die Einfachheit und die Güte des Herzens im Mittelpunkt stehen.

Gottes Liebe ist ein Feuer

Gott liebt uns, bevor wir ihn lieben. Er liebt uns in Ewigkeit und wir ahnen, dass unsere Antwort zuallererst in unserer Hingabe besteht. Daher sehnen wir uns danach, Gott alles zu überlassen. „Unser Herz ist voll Erwartung, bis es zur Ruhe kommt in dir."[20]

Jeder Mensch sehnt sich nach Liebe und danach, geliebt zu werden. Doch warum ist es dem einen bewusst, dass er geliebt ist, und einem anderen nicht?

Auch ein vor langer Zeit erlittenes Leid wird leichter, wenn uns jemand zuhört. Auf diese Weise kann eine Heilung der Seele beginnen. Hinhören und zu verstehen suchen, was einem anderen wehtut, was ihn belastet. Mit der Zeit erkennt man sogar in den Spuren, die das Leid hinterlassen hat, welche Hoffnung Gott schenkt – oder zumindest, zu welcher Hoffnung ein Mensch fähig ist.

Wer andere durch Zuhören begleitet, wird bisweilen, ohne dass sein Gegenüber es bemerkt, selbst zum Wesentlichen geführt. Zuhören, immer wieder zuhören ... Wer ein Leben lang sein Einfühlungsvermögen übt, der versteht – auch ohne viele Worte –, was der andere ihm anvertraut. Wer auf diese Weise zuhört, wird die große Weite des menschlichen Wesens entdecken – seine Zerbrechlichkeit und seine Ausstrahlung, seine Abgründe und seine Fülle.

Vor einigen Jahren habe ich eine Woche lang jeden Tag mit einem jungen italienischen Priester gesprochen. In ihm bin ich der Heiligkeit Christi begegnet. In manchen Momenten konnte ich nichts anderes sagen als: „Halten Sie die Tränen nicht zurück!" Einmal reichte ich ihm sogar mein Taschentuch. Die Tränen kommen lassen, weil man einen Kampf wie den seinen nicht stumm mit sich allein ausmachen kann.

In dieser Begegnung war zu spüren, was es für einen Menschen bedeutet, verlassen worden zu sein. Manche Menschen strahlen auch ohne Worte Gemeinschaft aus. Im Lauf der Tage erschien im inneren Kampf dieses Mannes das Antlitz Christi. Sein Blick verbarg nicht, was er durchlitten hatte. Dieser Mann hat mich in eines der größten Geheimnisse mit hineingenommen: die Hingabe eines Lebens aus Liebe.

Nach diesen Tagen kniete ich mich zum Abschied nieder und bat um seinen Segen.

Das Feuer nicht auslöschen

Noch eine andere Begegnung mit einem Priester werde ich nie vergessen. Mit zwei meiner Brüder besuchte ich einmal in Santiago de Chile am Heiligen Abend ein Frauengefängnis. Nach der Christmette aßen wir gemeinsam mit den Frauen – unter ihnen sowohl Strafgefangene als auch politische Häftlinge. Fast alle hatten Tränen in den Augen; manche Gesichter waren schwer gezeichnet, andere wie verklärt.

Der Priester sagte uns: „Diese Frauen sind keine schlechten Menschen; manche haben sich vielleicht ein wenig geirrt. Ich kenne sie. Ich komme seit zwanzig Jahren jeden Tag hierher.“

Das Gesicht dieses Priesters zu sehen und zu hören, wie lange er schon treu diesen Dienst tut, hat mich tief bewegt. Ich fragte ihn: „Woher haben Sie diese Leidenschaft für Gott und für die Gemeinschaft unter den Menschen? Hat Ihre Großmutter oder Ihre Mutter für Sie gebetet?“ – „Ja, meine Mutter“, antwortete er. „Als ich mich vor zweiundzwanzig Jahren in unserem kleinen Dorf in Spanien von ihr verabschiedete, begleitete sie mich zur Tür und sagte: ‚Mein Sohn, sei ein guter Priester!‘ Das waren die letzten Worte, die ich von ihr hörte. Ich habe sie nicht wiedergesehen. Im Jahr darauf ist sie gestorben.“

Manche Mütter hinterlassen in ihren Kindern einen Eindruck, der sie ihr Leben lang trägt.

An jenem Weihnachtsabend haben wir Gefangene besucht und sind dabei im tiefsten Sinn des Wortes der Berufung eines Menschen begegnet, dessen Leben um Christi und des Evangeliums willen vom Absoluten spricht.

Gott möchte, dass man das Feuer und den Geist zuerst in der Hingabe unseres Lebens sieht. Ja, seine Liebe ist ein Feuer. So arm wir auch sein mögen: Löschen wir das Feuer nicht, löschen wir den Geist nicht aus![21]

Geben wir das demütige Vertrauen des Glaubens einander weiter wie ein Feuer.

Barmherziger Gott,
als du nicht mehr wusstest,
wie den Menschen zu sagen,
dass du nichts als Liebe bist,
kamst du in Christus als Mensch auf die Erde.
Glücklich, die wir Christus lieben,
ohne ihn gesehen zu haben!

Ein Hauch des Vertrauens

Wie der Mandelbaum in der ersten Frühlingssonne Blüten treibt, so bringt ein Hauch des Vertrauens die Wüste des Herzens zum Blühen.

Wer dieses Vertrauen einmal erfahren hat, möchte das Leid und die Not der Menschen lindern. Selbst wenn wir dabei wie auf einem steinigen Pfad nur mühsam vorankommen – wer möchte in seinem Leben nicht die Worte des Evangeliums in die Tat umsetzen: „Was ihr dem Geringsten, dem Allerärmsten, tut, das tut ihr mir, Christus!“[22]

Ein Jahrhundert nach Christus schrieb ein Glaubender: „Bekleide dich mit Freude … Läutere dein Herz von unguter Traurigkeit, und du wirst für Gott leben.“[23]

Wer für Gott lebt, entscheidet sich zu lieben. Um dieser Entscheidung treu zu bleiben, bedarf es beständiger Wachsamkeit. Das kann einen Menschen von grenzenloser Güte strahlen lassen. Er möchte alles tun, um anderen in nah und fern die Qual ihrer Sorgen zu nehmen.

Wer für Gott lebt, erkennt, dass es im Leben um das Vertrauen auf Christus und den Heiligen Geist geht. Auch wenn ein innerer Nebel uns das Vertrauen des Glaubens nimmt, verlässt uns Christus nicht. Kein Mensch ist von seiner Liebe und seiner Vergebung ausgeschlossen.[24]

Wenn uns Mutlosigkeit und Zweifel befällt, heißt das nicht, dass Gott uns weniger liebt. Er ist da, Licht auf unserem Weg … Und wir hören seinen Ruf: „Komm und folge mir nach!“[25]

Im persönlichen Gespräch stellen mir junge Menschen immer wieder die Frage: „Wie kann ich ganz ich selbst sein? Wie kann ich mich verwirklichen?“ Manchen bereitet diese Frage sogar Angst. Das erinnert mich an die Bemerkung einer meiner Brüder: „Christus sagt nicht: ‚Sei du selbst!‘, sondern: ‚Sei bei mir!‘ Er sagt nicht: ‚Suche dich selbst!‘, sondern: ‚Folge mir nach!‘“

Der Heilige Geist hilft uns, die „ungute Traurigkeit“ abzulegen und Sorgen, Furcht und Angst im Gebet loszulassen.

Wir wissen oft nicht, wie wir beten sollen! Doch „der Heilige Geist kommt unserer Schwachheit zu Hilfe“.[26] Er weckt unser Gebet und trägt es, mehr als uns bewusst ist. Er schenkt uns eine innere Einheit, wo wir hin- und hergerissen sind. – Ja, ohne den Frieden des Herzens finden wir nicht zur inneren Einheit!

Als Jesus in seinem irdischen Leben gebetet hat, wurde sein Gesicht von Licht verklärt. Aber Jesus hat auch unter Tränen zu Gott gefleht.[27]

Christus mit großer Freude loben

Wenn wir Christus mit Entschlossenheit nachfolgen, entzünden wir kein Strohfeuer, das hell aufleuchtet und kurz darauf erlischt. Wir machen uns vielmehr auf einen Weg des Vertrauens, der ein ganzes Leben dauern kann. Dieses Vertrauen bewahrt uns in der Einfachheit. Wo der Glaube überheblich wird, führt er in die Sackgasse.

Manche Ereignisse können uns selbst nach langer Zeit noch quälen und wir können den Elan des Vertrauens verlieren. Das Evangelium fordert uns auf, nicht zurückzuschauen[28] oder bei unseren Misserfolgen stehenzubleiben. Wenn wir nur um uns selbst kreisen und uns vom Vertrauen des Herzens entfernen, brauchen wir Mut, um zu Christus zu sagen: „Inneres Licht, lass nicht zu, dass mein Dunkel zu mir spricht!“[29]

Die Freude des Evangeliums und der Geist des Lobpreises setzen eine innere Entscheidung voraus. Es braucht Mut, Christus bis zur hellen Freude zu loben.[30] … Nicht irgendeine Freude, sondern die Freude, die aus den Quellen des Evangeliums entspringt.

Manche Menschen finden die tiefste Freude darin, zu akzeptieren, dass das irdische Leben eines Tages in ein Leben übergeht, das kein Ende hat. Ich kann von mir sagen: Ein innerer Friede stellt sich ein, wenn man versteht, dass der Tod nicht das Ende ist. Er öffnet den Weg in ein Leben, in dem Gott unsere Seele für immer bei sich aufnimmt.

Natürlich würde es mir schwerfallen, meine Brüder zurückzulassen oder die vielen jungen und weniger jungen Menschen, deren Intuitionen wie Lichter in meinem Leben waren. Es würde mir auch schwerfallen, Marie zurückzulassen, die vier Monate alt war, als Mutter Teresa sie mir in Kalkutta in die Arme legte mit der Bitte, ich solle sie nach Taizé mitnehmen, damit sie überleben kann.

Lesen wir im Evangelium, verstehen wir: Gott will, dass wir glücklich sind. Mit unseren Sorgen können wir unser Leben nicht um einen einzigen Tag verlängern. – Meine Mutter erlitt in hohem Alter einen Herzinfarkt. Als sie wieder sprechen konnte, sagte sie: „Ich habe keine Angst vor dem Tod; ich weiß, an wen ich glaube …, aber ich liebe das Leben." Noch am Tag ihres Todes sagte sie ganz leise: „Das Leben ist schön …" Sie wollte jemanden, dem es schwerfiel, sie weggehen zu sehen, trösten und ihm Hoffnung machen. Wenn wir den eigenen Tod annehmen, finden wir zum Leben.

Einmal hatten wir am Geburtstag eines Bruders zum Mittagessen Cristobal, einen jungen Spanier, eingeladen. Er kam aus dem Süden des Landes und erzählte von den Überschwemmungen in Andalusien: Als Zehnjähriger hatte er miterlebt, wie die Stadt Málaga im Schlamm versank. Das Haus seines besten Freundes Eduardo stürzte ein und er musste mit ansehen, wie Eduardos Leichnam von den Fluten fortgerissen wurde. Nach diesem Ereignis saß Cristobal eine Woche lang Tag für Tag in der Kirche vor dem Tabernakel. In der Gegenwart Gottes rang er mit sich und fragte Gott, warum Eduardo nicht mehr da ist. Nach acht Tagen kam er zur Ruhe und schöpfte wieder Vertrauen. Er hatte zu Gott gesagt: „Ich habe nur dich.“

Da begann Cristobal lange untröstlich zu weinen. – Wir beschlossen, den Nachtisch aufzuheben und Cristobal zum Abendessen einzuladen, worauf er sagte: „Dann komme ich und singe Flamencos.“ Und er sang ein Lied nach dem anderen.

Der Heiligkeit Christi nahe

Wenn wir mit dem Herzen vertrauen und von Gottes unendlichem Erbarmen im Innersten ergriffen sind, erahnen wir, dass wir der Heiligkeit Christi nahe sind. Unzählige Menschen auf der Welt strahlen diese Heiligkeit aus, nur wissen sie es nicht, und könnten es vielleicht auch nicht glauben.

Solange es auf der Erde Männer, Frauen und Kinder gibt, die lieben, beten und um Christi und des Evangeliums willen ein Wagnis eingehen, wird ein stilles Vertrauen in der Menschheitsfamilie nicht erlöschen.

In New York wohnten wir einmal in einem Haus, in dem eine alte brasilianische Köchin arbeitete. Man erzählte mir, dass sie nach einer Krebsoperation gesagt habe: „Es ist gut, dass die Krankheit mich getroffen hat, denn ich kann leiden."

Vor unsere Abfahrt ging ich zu ihr und sagte: „Lassen Sie mich die Hände einer Heiligen küssen." Sie antwortete: „Sagen Sie lieber: einer Missionarin." Ich entgegnete: „Eine Heilige ist eine Zeugin Christi, und das sind Sie mehr als viele andere." Ihre Stirn hatte von der Kobaltbehandlung dunkle Flecken, aber ihre Augen strahlten.

Wenn unsere Schritte schleppend werden, nehmen wir dann noch die Wüstenblume wahr? Sie geht im Morgengrauen auf, wenn alles neu beginnt und ein Hauch des Vertrauens uns hinführt auf den Weg unbeschwerter Güte.

Dieses Vertrauen kann uns die Freude am Leben auf Erden schenken und zugleich die Erwartung eines Lebens im Jenseits, eines Lebens, das niemals endet.[31]

Heiliger Geist,
deine geheimnisvolle Gegenwart zeigt uns,
was es heißt, zu lieben,
ohne auf uns selbst zu schauen.
Darin verwirklicht sich das Evangelium.
Und du hilfst uns zu verstehen:
Das Wichtigste ist,
den Geist der Barmherzigkeit
nicht zu verlieren.

Heilung des Herzens

Christus hat nie jemandem gedroht

Das Johannesevangelium hilft uns zu verstehen, dass Christus nicht auf die Erde gekommen ist, um die Welt zu verurteilen, sondern damit durch ihn jeder Mensch gerettet, versöhnt wird.[32]

Dennoch gibt es Menschen, die insgeheim Angst vor Gott haben. Woher kommt dieses Schuldgefühl, manchmal schon bei einem kleinen Kind? Die Vorstellung, Gott würde den Menschen verurteilen, ist eines der größten Hindernisse für den Glauben.

Wie gut wäre es, wenn alle, die in Gegenwart anderer über das Evangelium sprechen oder ein Gebet formulieren, sich immer wieder sagen könnten: „In deinen Worten oder deinem Gebet soll nicht die geringste Drohung im Namen Gottes mitschwingen!" Gott macht sich den Menschen nicht durch Angst gefügig. Christus hat niemals einem Menschen gedroht, nicht einmal, als man ihn misshandelte.[33]

Meine Mutter war zu uns Kindern nie streng, sie hat nie mit uns geschimpft. Sie sprach mit uns. Ich kann mich nicht erinnern, sie jemals aufgebracht erlebt zu haben. Wenn jemand in Zorn geriet, sagte sie nur: „Es ist, als hätte er den Verstand verloren."

Wir können uns kaum vorstellen, wie wichtig für Kinder ein vertrauensvoller Blick sein kann, damit sie Freude am Leben finden … Tiefe Zuneigung und Vergebung können für ein Kind das ganze Leben lang eine Quelle des Friedens sein.

Es ist so wichtig, dass Kinder verstanden und von den Menschen, denen sie anvertraut sind, nicht verletzt werden. Eltern oder Lehrer sollten niemals von ihrer Autorität Gebrauch machen und einem Kind ihre Güte vorenthalten …

Aus Christi Vergebung leben

Niemals, niemals quält Gott das Gewissen eines Menschen. Er legt unsere Vergangenheit in Christi Herz und nimmt sich unserer Zukunft an.

Es wäre keine Liebe, würden wir Gott nur aus Furcht vor Strafe lieben. Gott kommt und schenkt uns sein Erbarmen. Wie ein schönes Gewand webt er unser Leben mit den Fäden seines Verzeihens. Die Gewissheit seiner Vergebung gehört zu den größten Geschenken des Evangeliums.[34] Sie verleiht uns eine einzigartige Freiheit. Wenn wir in Stille die Vergebung Gottes erleben, trifft sie uns wie ein Strahl der Güte und unser Herz lässt sich von Gottes Geist leiten.

Halte dich nicht auf mit dem, was dir selbst oder an anderen wehtut! Von einem der frühesten Zeugen Christi stammen die Worte: „Mag unser Herz uns auch verurteilen – Gott ist größer als unser Herz."[35] Christus möchte nicht, dass du um dich selbst kreist, sondern dass du in Demut umkehrst. – Diese Umkehr ist ein Schritt des Vertrauens. Wenn du Christus deine Fehler überlässt, wirst du frei und kannst bewusst im gegenwärtigen Augenblick leben; du wirst niemals den Mut verlieren, denn Gott wird dir immer neu vergeben.

Wer aus der Vergebung lebt, findet auch in verhärteten Situationen einen Weg, so wie sich das Schmelzwasser in den ersten Frühlingstagen einen Weg durch die gefrorene Erde bahnt.

Wenn wir vergeben, kann unser Herz sich verändern: Die Strenge, die Härte im Urteil vergeht und es entsteht Raum für eine unendliche Güte. Dann wird es für uns wichtiger, andere zu verstehen als von ihnen verstanden zu werden.

Im Dezember 1976 fuhr Gassibeh, ein Student aus Beirut, über die Weihnachtstage in sein Dorf. Im Libanon herrschte damals Krieg. Unterwegs geriet der junge Mann in einen Hinterhalt und wurde ermordet. Er muss geahnt haben, was passiert, und hat in seinem Zimmer in Beirut einen Brief an seine Familie hinterlassen. Darin schreibt er: „Ich weiß, dass ich auf dem Weg in mein Dorf getötet werde. Für diesen Fall möchte ich meiner Mutter und meinen Schwestern sagen: ‚Seid nicht traurig, wir werden uns wiedersehen. Vergebt denen, die mich getötet haben! Mein Blut und das Blut der vielen Opfer auf allen Seiten und aller religiösen Bekenntnisse soll der Preis sein für Frieden, Liebe und Eintracht, was dieses Land verloren hat. Betet, betet und liebt eure Feinde!'"

Sechs Jahre später war ich vor unserem Europäischen Jugendtreffen in Rom mit zwei meiner Brüder über Weihnachten im Libanon. Noch immer herrschte Krieg in diesem Land, das uns so sehr am Herzen liegt. Wir besuchten Gassibehs Mutter in ihrer armseligen Wohnung, in die sie aus ihrem Dorf geflüchtet war. Sie hatte den Wunsch ihres Sohnes erfüllt und hat vergeben. In ihren Augen sah man, dass sie dabei bis zum Äußersten gegangen war. Sie hat auch denen vergeben, die Unglück über sie gebracht haben. Nichts ist dem menschlichen Herzen weniger natürlich, als für seine Feinde zu beten.

Zum Abschied stand Gassibehs Mutter mit ihrer jüngsten Tochter vor einem großen Bild ihres Sohnes und sang ein Gebet zu Christus, der sie in ihrer Not begleitet. Dann erhob sie ihre Hände, machte das Kreuzzeichen und segnete uns.

Die Verklärung des Menschen geschieht allmählich

Auch wenn es um uns herum dunkel ist, brennt tief in der Nacht ein Licht. Der Apostel Petrus lädt uns ein, dieses Licht zu betrachten, „bis der Morgen anbricht und es Tag wird in unseren Herzen".[36]

Eine Pflanze, die kein Licht bekommt, verkümmert. Wie könnte jemand glauben und im Vertrauen wachsen, ohne aus dem Schatten zu treten?

Das Evangelium verändert unser Leben von Grund auf: Durch den Heiligen Geist kommt Christus und nimmt sich dessen an, was uns keine Ruhe lässt. Christus erreicht, was unerreichbar ist, in seiner Gegenwart kann sogar die Finsternis hell werden.

Wenn die Nacht undurchdringlich wird, ist seine Liebe wie Feuer.[37] Sie entfacht, was unter der Asche glimmt. Christen wie Johannes vom Kreuz und Teresa von Ávila haben spät ein neues Leben im Glauben begonnen. Sie sprachen oft von einem Feuer, das mit den Dornen ihres vergangenen Lebens entzündet wurde.

Marie Noël, eine zeitgenössische französische Dichterin, die aus dem Glauben lebte, schrieb etwas, das sehr ähnlich klingt: „Das Leben der Menschen, die uns am meisten bereichern, besteht nur zu einem kleinen Teil aus strahlender Güte. Der Rest ist unendlich viel klägliches Elend, das die Güte dieser Menschen im Verborgenen nährt, so wie der Weizen auf dem wächst, was am Boden verfault."[38]

In Belgien, nach dem Abendgebet in einer von jungen Leuten vollen Kathedrale, bat man mich einmal: „Frère Roger, zeigen Sie uns den Weg zu Gott!" Ich antwortete: „Ich weiß nicht, ob ich jemandem den Weg zu Gott zeigen kann. Aber ich kann von einer persönlichen Erfahrung erzählen, die mich bis ins Alter begleitet hat."

In meiner Jugend war ich an Lungentuberkulose erkrankt und konnte nach einem schweren Rückfall mehrere Jahre lang nicht viel tun. So hatte ich Zeit zum Lesen und zum Nachdenken, und konnte den Ruf Gottes entdecken, meine Berufung für das ganze Leben.

Im Angesicht des Todes ahnte ich: Mehr als unser Körper ist unser Innerstes auf Heilung angewiesen. Und die Heilung des Herzens kommt zuallererst aus einem einfachen Vertrauen auf Gott.

In den Jahren der Krankheit begriff ich, dass weder außergewöhnliche Talente noch ein leichtes Leben uns glücklich machen. Die Quelle des Glücks liegt vielmehr in Demut und Selbsthingabe, um die Menschen mit der Güte des Herzens zu verstehen.

Nach und nach begriff ich, dass sogar aus den in der Kindheit und Jugend erlittenen Demütigungen schöpferische Kräfte freiwerden können. Der Apostel Paulus beschreibt diese Wirklichkeit des Evangeliums sehr treffend: „Wenn ich schwach bin, bin ich in Gott stark."[39]

Niemand will, dass ein Kind oder ein junger Mensch aufgrund erlittener Demütigungen die Hoffnung verliert. Wo aber ein Mensch in jungen Jahren Schweres durchlebt oder Demütigungen erfahren hat, war das Erbarmen Christi bereits da. Aus diesem Leid kann Christus den Mut erwecken, in Gott schöpferisch zu werden und im Glauben ein Wagnis einzugehen. Christus kommt und nimmt sich unserer unverheilten Wunden, unseres Versagens und unserer inneren Nächte an. Und es entsteht etwas Neues, eine Verklärung, die ein Leben lang dauert. Diese Verklärung des Menschen geschieht ganz allmählich und im Verborgenen. Mit ihr beginnt bereits hier auf Erden ein Leben, das niemals endet.

Wenn wir an unsere Grenzen stoßen oder das Gefühl haben, nichts wert zu sein, dann stellen wir mit Erstaunen fest, dass Christus uns neue Kraft schenkt. Papst Johannes XXIII. sagte angesichts der Schwierigkeiten in seinem Leben manchmal: „Ich bin wie ein Vogel, der in einem Dornbusch sitzt und singt.“[40] Auch wir können trotz unserer Dornen Freude ausstrahlen. Nicht irgendeine Freude, sondern die Freude darüber, dass Christus jeden Menschen liebt, als wäre er sein einziges Kind.[41]

Wenn wir Gottes Vertrauen und seine Vergebung annehmen, schenkt er uns immer wieder eine Neugeburt. Er hüllt uns in seine Vergebung wie in ein Gewand – und wir erahnen ein Licht in der Nacht.

Jesus, unsere Hoffnung,
als man dich misshandelte und quälte,
hast du nicht gedroht, sondern vergeben.
Wir möchten dir nachfolgen und Wege suchen,
um auch selbst immer wieder vergeben zu
können.

Gott kann nur seine Liebe schenken

Gott leidet mit jedem Menschen

Auf der Erde gibt es offene Gewalt, Krieg, Folter und Mord ... Und es gibt auch eine Gewalt, die sich hinter Manipulation, Verdächtigung, Misstrauen, Demütigung oder einem gebrochenen Versprechen verbirgt.

Zahlreiche Kinder und Jugendliche leben mit tiefen Wunden aufgrund von zerbrochenen Beziehungen und der Erfahrung, verlassen worden zu sein. Manche fragen sich sogar: ‚Hat mein Leben noch einen Sinn?'

Angesichts der körperlichen und seelischen Gewalt in der Menschheitsfamilie stellt sich eine ernste Frage: Wenn Gott die Liebe ist, woher kommt dann das Böse? – Niemand kann erklären, warum es das Böse gibt. Der Philosoph Paul Ricœur* schreibt: „Ich kann nichts entgegnen, wenn jemand sagt: ‚Es gibt zu viel Böses auf der Welt, um an Gott glauben zu können.' Gott hat nur eine Macht: seine ‚ohnmächtige' Liebe. Er will nicht, dass wir leiden. Der allmächtige Gott offenbart sich als der ‚All-Liebende'. Er hat keine andere Macht als die Macht, zu lieben und uns in der Not mit seinem Wort beizustehen. Und doch ist es nicht leicht, dieses Wort zu vernehmen."[42]

Sechs Jahrhunderte nach Christus beschäftigte sich der christliche Denker Isaak von Ninive mit

---

* Französischer Philosoph (1913–2005).

dem Satz des Evangelisten Johannes: „Gott ist die Liebe.“[43] Er kam zu dem Schluss: „Gott kann nur seine Liebe schenken.“[44]

Gott sieht nie teilnahmslos zu, wenn ein Mensch leidet. Er leidet mit den Unschuldigen und den Opfern unbegreiflicher Not; er leidet mit jedem Menschen. Auch Gott hat einen Schmerz, er leidet in Christus. Im Evangelium stellt er sich auf die Seite dessen, der leidet; er weint über den Tod dessen, den er liebt.[45]

Ist Christus nicht auf die Erde gekommen, damit jeder Mensch weiß, dass er geliebt ist?[46] Über diese Liebe kann unser Herz nur staunen.

Das Leid kommt nicht von Gott

Mit zwei meiner Brüder war ich einmal im Advent in Äthiopien. An Weihnachten fuhren wir in ein Lepradorf. Eine Frau namens Adjebush erzählte uns, was sie durchgemacht hat: Bei den ersten Anzeichen ihrer Lepraerkrankung hat ihr Mann sie verlassen. Ihre vier Söhne waren im Krieg; einer von ihnen kam ums Leben, von den anderen hatte sie keine Nachricht. Adjebush selbst hatte beide Beine verloren und konnte nicht einmal mehr betteln. Ihr größter Wunsch war, dass ihre kleine Tochter, die neben ihr schlief, etwas vom Glauben verstand.

Auf einmal sagte sie völlig unerwartet: „Ich weine innere und manchmal auch äußere Tränen, aber ich weiß, dass Christus da ist und neben mir steht." Diese Frau lobte Gott mit erhobenen Händen, so wie es koptische Christen tun.

Wir fragten uns: „Woher hat sie dieses Vertrauen?" Und wir verstanden, dass sie es aus der Quelle des Gebets schöpfte – aus einem inneren Leben in tiefer Gemeinschaft mit Christus. Adjebush wusste, dass ihr Leid nicht von Gott kommt und Gott nicht der Urheber ihres Unglücks ist.

Sie sprach im Gebet über unseren Besuch und ihre Worte wurden zum Gesang: „Heute ist Weihnachten und sie haben mich besucht. Heute ist Weihnachten, sie sind nicht zu Hause geblieben, sondern hierhergekommen."

Wir staunten: Oft entdeckt man bei den Allerärmsten ein Licht, wie man es nur im Evangelium findet. Jeder von uns möchte Christus so nahe sein wie diese orthodoxe Frau aus Äthiopien. Ja, jeder von uns möchte, so wie sie, mit einem einfachen Herzen verstehen: Christus ist da und er ist uns nahe.[47]

Die Not der Menschen lindern

Es ist schön, dass die Christen immer sensibler werden für das Leid auf der Welt. An vielen Orten setzen Christen ihr Leben ein und versuchen, mit der immer schnelleren Entwicklung der Gesellschaft Schritt zu halten. Manche von ihnen übernehmen konkrete Verantwortung und versuchen,

Menschen Mut zu machen, die von Zukunftsangst gelähmt sind oder zur Haltung des „Jeder-für-sich“ neigen.

Sie finden sich nicht damit ab, dass der wirtschaftliche Fortschritt nur einem Teil der Bevölkerung zugutekommt. Sie vergessen auch nicht die Völker, deren Antlitz die Züge des „leidenden Knechts“ trägt. Ein Glaubender beschreibt das in der Bibel so: „Sie wurden verachtet und gemieden und hatten keine schöne Gestalt, sodass wir sie gerne angeschaut hätten. Doch sie haben unsere Krankheiten getragen.“[48]

Von Anfang an wollten wir in Taizé alles tun, um aus Christus für andere zu leben und das Leid der Menschen zu lindern.

Meine Großmutter mütterlicherseits hatte im Bombenhagel des Ersten Weltkriegs nördlich von Paris Menschen auf der Flucht bei sich aufgenommen. Ihr Beispiel vor Augen verließ ich 1940 die Schweiz, um in Frankreich, ihrem Heimatland, eine Gemeinschaft von Männern ins Leben zu rufen. Auch damals herrschte Krieg, und ich war überzeugt, dass ich Menschen helfen musste, die in Not geraten waren.

Ich ließ mich in dem kleinen Dorf Taizé nieder, in einem Haus, das kaum mehr kostete als damals ein Auto. Ich besaß nichts. Als jüngstes von neun Kindern konnte ich nicht mit der Unterstützung meines Vaters rechnen, der zunächst einmal meinen älteren Geschwistern helfen musste, auf ihren eigenen Beinen zu stehen. Doch jemand lieh mir ein wenig Geld und so konnte ich das Haus kaufen.

Sobald ich mich etwas eingerichtet hatte, nahm ich Kontakt zu Freunden in Lyon auf, unter anderem zu Roland de Pury. Der nördliche Teil Frankreichs war damals besetzt. Roland de Pury schlug mir vor, Menschen zu helfen, die auf ihrer Flucht in den Süden für einige Zeit untertauchen mussten, auch Juden.

Ich war damals noch allein und bat Geneviève, die jüngste meiner sieben Schwestern, um Hilfe. Sie war damals als einzige noch unverheiratet. Wir hatten fast nichts. Das Trinkwasser mussten wir vom Dorfbrunnen holen und Lebensmittel bekam man nur auf Bezugsschein – allerdings nicht für Flüchtlinge. So lebten wir äußerst bescheiden, hauptsächlich von Suppe aus geröstetem Maismehl, das wir in einer nahegelegenen Mühle für wenig Geld bekamen.

Die Flüchtlinge fragten wir nur nach ihren Vornamen. Mehr zu wissen, hätte sie in Gefahr bringen können. So betete ich auch allein und ging dazu oft in den Wald, wo ich, weit ab vom Haus, singen konnte. Um die Juden und die Nichtglaubenden unter den Anwesenden nicht in Verlegenheit zu bringen, sagte Geneviève den Glaubenden, jeder solle für sich allein beten.

Im Sommer 1942 hatten wir einen für uns wichtigen Besuch: Pierre Marsauche, einer unserer beiden Cousins, der beim Militär war. Von ihm erfuhren wir, dass die Situation in Europa immer schlimmer wurde und vielen Menschen der Tod bevorstand. Auch Pierres jüngerer Bruder Jacques kam und machte uns Mut.

Meine Eltern wussten meine Schwester und mich in Gefahr. Sie baten einen befreundeten französischen Offizier im Ruhestand, ein Auge auf uns zu haben. Er tat dies sehr gewissenhaft und teilte uns im Oktober 1942 mit, dass unsere Aktivitäten entdeckt worden waren. Wir konnten jetzt nicht nur keine Flüchtlinge mehr aufnehmen, sondern mussten Taizé auch für einige Zeit verlassen.

Knapp zwei Jahre später, im Herbst 1944, konnte ich zurückkehren. Von da an war ich nicht mehr allein; wir waren jetzt vier Brüder.

1945 gründete ein junger Mann aus der Gegend einen Verein, der sich um Kinder kümmerte, die im Krieg ihre Familien verloren hatten. Er bat uns, einige dieser Kinder in Taizé aufzunehmen. Doch eine Gemeinschaft von Männern kann keine Kinder betreuen. So rief ich meine Schwester Geneviève an und bat sie, noch einmal für einige Zeit nach Taizé zu kommen: Die Kinder brauchten eine Mutter. Geneviève war sehr begabt und bereitete gerade ihre Abschlussprüfung als Konzertpianistin vor. Dennoch sagte sie auf der Stelle zu. Im Lauf der Jahre wurde ihr klar, dass sie diese Kinder nicht mehr verlassen konnte und ihnen ihr Leben widmen musste. Am Anfang waren es drei

Jungen, einige Monate später bereits zwanzig. Geneviève zog mit ihnen in ein altes Haus im Dorf.

Unter ihnen waren fünf Jungen aus Georgien, deren Vater gezwungen wurde, sein Land zu verlassen. In Frankreich waren sie in ein Flüchtlingslager gekommen, wo der Vater schwer erkrankte. Er war orthodoxer Christ und hatte die zwei ältesten Söhne in bewundernswerter Weise auf seinen Tod vorbereitet. Als der Vater starb, nahm meine Schwester die fünf Jungen zu sich nach Taizé.

Seit damals lebt Geneviève im gleichen alten Haus. Sie nahm immer wieder Kinder auf, die bei ihr aufwuchsen. Mittlerweile haben einige von ihnen selbst Kinder und Enkelkinder, die gern zu Besuch kommen. Später nahm Geneviève auch die vier Monate alte Marie bei sich auf. Es war Mutter Teresa, die sie mir in Kalkutta anvertraute, um ihr medizinische Hilfe zu ermöglichen. Auch sie wuchs bei meiner Schwester auf.

Ich glaube, es war vor allem ihre tiefe Güte, die meiner Schwester geholfen hat, all diese vielen Jahre so treu durchzustehen. Die Güte des Herzens verleiht unermessliche Kräfte.

Heiliger Geist, Tröster Geist,
bisweilen stehen wir fassungslos
vor dem Leid unschuldiger Menschen.
Gib, dass wir für sie ein Widerschein
deines Erbarmens sind.

Hoffnung auf Einheit

Ist es uns bewusst, dass Christus vor zweitausend Jahren auf die Erde kam, nicht um eine neue Religion zu gründen, sondern um es jedem Menschen zu ermöglichen, in Gemeinschaft mit Gott zu leben?[49] Seit seiner Auferstehung lebt Christus unter uns, in einer Gemeinschaft der Liebe, der Kirche.[50]

Ist das Herz der Christen weit genug, ist ihre Fantasie groß und ihre Liebe brennend genug, um den Weg des Evangeliums zu erkennen und uns ohne Aufschub zu versöhnen?[51]

Die Ökumene hat einen großen Beitrag zum Dialog und zu einem Miteinander geleistet; doch wir dürfen nicht das Wort Christi vergessen: „Geh und versöhne dich zuerst!“[52] Solange wir die Versöhnung der Christen vor uns herschieben, läuft die Ökumene Gefahr, unbewusst eine illusorische Hoffnung zu verbreiten.

Doch wenn die Christen sich eine große Einfachheit bewahren, wenn ihre Güte grenzenlos ist und sie ihre Augen öffnen für die Schönheit der menschlichen Seele, dann wird ihr Verlangen nach Gemeinschaft untereinander in Christus immer stärker.[53]

Wenn diese Gemeinschaft, die Kirche, mit lauterem Herzen lieben und verzeihen will, wenn sie auch mit einfachen Mitteln für andere da ist und ihnen in ihrer Not beisteht, kann sie für junge Menschen wieder glaubwürdig werden. Wo sie jede Distanz, jede Strenge und Abwehrhaltung aufgibt, kann sie das einfache Vertrauen des Glaubens auch in unserem Herzen zum Strahlen bringen.

Der orthodoxe Theologe Olivier Clément schreibt: „Das Christentum hat gerade erst begonnen. Wir erleben, wie ein armes und freies Christentum entsteht, das zu einem wahrhaftigeren Zeugnis des Evangeliums fähig ist."[54] Ja, Christus beruft uns arme Menschen des Evangeliums, die Gemeinschaft, die wir erhoffen, Wirklichkeit werden zu lassen. Jeder, selbst der Geringste kann das erreichen.[55]

Seit langem beschäftigt uns Brüder die Frage, warum in weiten Teilen der Welt immer weniger Jugendliche an den Gottesdiensten teilnehmen. Warum sagen viele, dass sie sich in der Kirche langweilen? Würde Christus in der Gemeinschaft seines Leibes, der Kirche, nicht so alleingelassen, gäbe es mehr Jugendliche in den Kirchen. Dann hätte sich unsere Communauté nicht bemüht, jungen Menschen Raum zu geben, um beten und miteinander sprechen zu können, und jemanden zu finden, der ihnen zuhört. Wir möchten uns den Jugendlichen öffnen, nicht nur in Taizé, sondern auch bei Treffen in den verschiedenen Ländern Europas und auf den anderen Kontinenten, auch dort, wo einige von uns Brüdern das Leben der Armen teilen.

Ob in Taizé oder bei diesen Treffen – wir sehen,

dass die Schönheit eines gesungenen Gebets in Jugendlichen die Sehnsucht nach Gott weckt und sie in die Tiefe eines kontemplativen Wartens führt.

Der Theologe Stanislas Lyonnet hat mit folgenden Worten versucht, für junge Menschen einen Weg der Gemeinschaft zu beschreiben: „Jeder Getaufte, der bereit ist, dem Geheimnis des Glaubens zu vertrauen, gehört zur Kirche."

Papst Johannes Paul II. hat uns bei seinem Besuch 1986 in Taizé auf etwas aufmerksam gemacht, was unseren Weg mit den Jugendlichen bestätigt. Er sagte damals: „Ihr wollt ein ‚Gleichnis der Gemeinschaft' sein. Damit helft ihr allen, denen ihr begegnet, ihrer kirchlichen Zugehörigkeit treu zu sein und sich immer tiefer auf das Geheimnis der Gemeinschaft einzulassen, das die Kirche im Plan Gottes ist."[56] Solche Worte können Menschen weiterhelfen, die den tiefen Wunsch haben, Gemeinschaft zu leben.

Ich möchte noch einmal sagen, wie intuitiv meine Großmutter mütterlicherseits einen Schlüssel der ökumenischen Berufung gefunden und mir einen Weg geöffnet hat, diese Berufung zu leben. Ihr Lebenszeugnis war für mich schon in jungen Jahren sehr wichtig. Ich habe meine Identität als Christ darin gefunden, in mir den Glauben meiner Herkunft mit dem Geheimnis des katholischen Glaubens zu versöhnen – und zwar, ohne die Gemeinschaft mit irgendjemandem zu brechen.

In der Mitte des 20. Jahrhunderts lebte ein Mann namens Johannes, der aus einer einfachen Bauernfamilie in Norditalien stammte. Im Jahr 1959 hat er, Johannes XXIII., als alter Mann ein Konzil angekündigt und bei dieser Gelegenheit mit großer Klarheit gesprochen. In seinen Worten tritt das Wesen dieser Gemeinschaft der Liebe, die wir Kirche nennen, deutlich hervor. Seine strahlenden Worte lauten: „Wir werden keine geschichtlichen Urteile fällen. Wir werden nicht danach suchen, wer Recht hatte und wer nicht. Die Verantwortung liegt auf beiden Seiten. Wir sagen nur: ‚Versöhnen wir uns!'"[57]

Johannes XXIII. spürte, dass ein Konzil die Gemeinschaft unter den Christen voranbringen kann. Und wir erfuhren mit großer Dankbarkeit, dass er uns als Beobachter bei diesem Konzil dabeihaben wollte. Ich erinnere mich noch an den Tag, als sein Einladungsschreiben eintraf. An dieser gemeinsamen Suche teilnehmen zu können, war für uns ein Geschenk Gottes!

Im Jahr 1962 begann das Zweite Vatikanische Konzil. Mit klaren Worten verstand Johannes XXIII., Mut zu machen und neue Wege zu gehen. Bei der Eröffnung des Konzils rief er dazu auf, nicht auf die „Unglückspropheten" zu hören, welche „in den heutigen Verhältnissen der Gesellschaft nur Untergang und Unheil sehen. Sie reden unablässig davon, dass unsere Zeit im Vergleich zur Vergangenheit stets zum Schlechteren abgeglitten sei. Sie benehmen sich so, als wäre früher (…) alles vollkommen gewesen. (…) Sie sagen immer nur Unheil voraus, als stünde die Welt vor dem Untergang."[58] Ebenso treffend und bis heute hochaktuell sagte er am selben Tag: Die Kirche „möge lieber das Heilmittel der Barmherzigkeit anwenden als die Waffen der Strenge erheben."[59]

Bei einer Privataudienz erzählte uns Johannes XXIII. einmal, wie er Entscheidungen oft im Gebet trifft: „Ich spreche mit Gott." Und nach einer kurzen Stille fügte er hinzu: „Aber ganz bescheiden, ja, ganz einfach!"

Über unsere Begegnung am 13. Oktober 1962 soll er gesagt haben: „Wir haben nicht verhandelt, sondern einfach miteinander gesprochen; wir haben nicht diskutiert, sondern einander unsere Liebe zum Ausdruck gebracht."

Am 25. Februar 1963 sahen wir ihn ein letztes Mal: Frère Max, Frère Alain und ich. Sein Krebsleiden war bereits fortgeschritten, und der 82 Jahre alte Papst wusste, dass sein Tod nahe bevorstand. Man hatte uns davon in Kenntnis gesetzt und die Audienz auf einen Tag gelegt, an dem Johannes XXIII. keine Schmerzen hatte und außer uns keinen Besuch empfing. Die Audienz dauerte außergewöhnlich lang. Uns war bewusst, dass wir ihn nicht wiedersehen würden, und erhofften uns eine Art geistliches Vermächtnis. Johannes XXIII.

wollte, dass wir uns über die Zukunft der Communauté keine Sorgen machen. Mehrmals deutete er mit seinen Händen Kreise an und sagte: „Die katholische Kirche besteht aus konzentrischen Kreisen – immer größer, immer größer …“ Bei dieser letzten Begegnung sahen wir ihn auf einmal weinen. Man habe, so sagte er, in letzter Zeit seine Absichten entstellt.

Am Abend des 3. Juni 1963 erfuhren wir auf dem Weg zur Kirche von seinem Tod. In diesem Moment hatte ich nur eine Frage: „Was wird ohne Johannes XXIII. aus unserer Communauté?“

In den folgenden Jahren kam Giuseppe Roncalli, sein jüngster Bruder, zweimal mit Verwandten nach Taizé. Der alte Mann nahm alles sehr genau wahr und bemerkte, wie einfach die Jugendlichen bei uns auf dem Hügel untergebracht sind. Eines Abends sagte er zu seinem Enkel Fulgenzio: „Von Taizé wird etwas ausgehen, das mein Bruder, der Papst, begonnen hat.“ Dieser Bauer aus der Gegend von Bergamo verstand, wie sehr wir seinen Bruder liebten, und dass diese Liebe auf Gegenseitigkeit beruhte.

„Die Spaltungen der Christen müssen heilen"

Im Sommer 1992 kam ein Besuch, auf den wir uns lange gefreut hatten: George Carey, der Erzbischof von Canterbury und Primas der anglikanischen Kirche, kam mit eintausend Jugendlichen aus verschiedenen Ländern nach Taizé. Sie verbrachten eine Woche zusammen mit den anderen Jugendlichen auf dem Hügel.

Bereits bei seiner Ankunft sprach der Erzbischof ganz offen: „Eigentlich wollte ich den jungen Anglikanern hier in Taizé Vorträge halten. Doch dann sagte ich mir, es ist wichtiger, als Pilger da zu sein. Die Spaltungen der Christen belasten mich; sie müssen geheilt werden. Ich glaube an die Versöhnung mit der katholischen Kirche und möchte, dass sie noch zu meinen Lebzeiten erfolgt."

Als er nach einer Woche wieder abfuhr, sagte ich mir: „Wir haben einen Menschen kennengelernt, der die Welt von heute verstehen möchte, und zwar mit einem sehr einfachen Herzen; das macht ihn so glaubwürdig. Ja, für einen Menschen, der um Christi willen liebt, ist das Leben voll unbeschwerter Freude."

Zwei Jahre später, im April 1994, verbrachten die vierzehn Bischöfe der evangelisch-lutherischen Kirche von Schweden mehrere Tage mit Gebet und Gesprächen bei uns. Zum ersten Mal waren sie gemeinsam ins Ausland gereist.

Mit diesen offenen und großherzigen Menschen gingen wir der Frage nach, warum in weiten Teilen der Erde Christus kaum noch beachtet wird und viele junge Menschen wie in einer „anderen Welt“ leben. Manche von ihnen fühlten sich früher in der Gemeinschaft der Kirche wohl, doch sie bekamen keine Antworten, die ihren Erwartungen entsprachen – und zogen sich zurück.

Zum Abschluss stellten wir uns die Frage: „Wie kann die Kirche die Tore des Erbarmens und der Güte des Herzens öffnen?“ Die erste Berufung der Kirche besteht doch darin, ein Widerschein des Erbarmens Christi in der Menschheitsfamilie zu sein.

„Gott nehme das Böse der Vergangenheit von uns“

Zur gleichen Zeit wie Johannes XXIII. lebte in Istanbul ein Mann mit einer ähnlichen prophetischen Gabe: der orthodoxe Patriarch Athenagoras. 1970 konnte ich gemeinsam mit Frère Max vier Tage bei ihm verbringen. Zu sehen, welche Ausstrahlung dieser 86 Jahre alte Mann trotz seiner geringen Mittel und der komplizierten politischen Situation in nah und fern hatte, erfüllte uns mit Hoffnung. Er besaß eine große innere Weite.

Leidvolle Erfahrungen waren ihm nicht erspart geblieben. Er wusste sehr wohl, welche Veränderungen im Volk Gottes notwendig waren, aber die Umstände zwangen ihn, seine besten Intuitionen für sich zu behalten. Dennoch war er voller Hoffnung: „Wenn ich abends auf mein Zimmer gehe, lasse ich die Sorgen vor der Tür und sage mir: Morgen sehen wir weiter!“

Einmal sagte der Patriarch während des Essens: „Ich möchte, dass Sie aus der Kathedrale eine Ikone mitnehmen!“ Ich erwiderte, dass die Communauté keine Spenden oder Geschenke annehme, woraufhin einer seiner Mitarbeiter meinte: „Wir haben einen Schrank mit alten, kaputten Ikonen, nehmen Sie eine davon!“ Ganz unten im Schrank wurden wir fündig … Doch bereits auf der Rückreise im Zug begann die Farbe abzublättern und das Holz zerfiel. Die Ikone war in einem so schlechten Zustand, dass sie dreimal restauriert werden musste. Wir haben sie noch immer. In einer Ecke meines Zimmers lädt sie zum Gebet ein – nicht mit vielen Worten, aber mit dem Herzen.

Bis zum Ende meines Lebens werde ich den Patriarch vor mir sehen, wie er bei unserer Abreise in der Tür stand und die Hände hob, so als würde er bei der Eucharistiefeier den Kelch heben. Ein letztes Mal sagte er die Worte: „Der Kelch und das Brotbrechen … einen anderen Weg gibt es nicht – denken Sie daran!“

Auch der vorherige Besuch zusammen mit Frère Max ist mir unvergesslich. Der Patriarch wollte im Auto mit uns eine Pilgerfahrt durch Istanbul machen. Jedes Mal, wenn wir an eine Stelle kamen, an der ein Christ als Märtyrer gestorben war, musste der Chauffeur langsamer fahren oder anhalten – wir machten das Kreuzzeichen und fuhren weiter.

Dieser Mann Gottes schrieb einmal: „Die Gewalt und die Spaltungen aus der Vergangenheit leben in uns fort. Sie schüren Angst und Hass. Bitten wir Gott, das Böse der Vergangenheit von uns zu nehmen.“[60]

Ein weiterer Zeuge der orthodoxen Kirche hat einen wichtigen Platz im Gedächtnis unserer Communauté. Metropolit Nikodim von St. Petersburg war 1962 für zwei Tage nach Taizé gekommen. Während eines langen Gottesdienstes mit vielen Gesängen segnete er die Marienikone, vor der viele Menschen in unserer Kirche beten.

Im Jahr 1963 sind wir ihm bei der Jahrtausendfeier auf dem Berg Athos ein weiteres Mal begegnet; schließlich konnte ich ihn im Juni 1978 in St. Petersburg, dem damaligen Leningrad, besuchen. Diese Reise im Nachtzug werde ich nie vergessen: In den nördlichen Breiten sind die Sommernächte von einem milden Licht erhellt. Bauernhöfe zogen an uns vorüber – daneben jedes Mal ein Brunnen mit einem langen Arm, mit dem das Wasser hochgezogen wird. Schon früh am Morgen waren die Menschen bei der Arbeit.

Als wir ankamen, fand in der Seminarkapelle gerade die Weihe eines Priesters und eines Diakons statt. Metropolit Nikodim sang mit seiner tiefen Stimme. Er war noch jung, hatte aber bereits fünf Herzinfarkte hinter sich.

Tagsüber brachte uns ein Priester von einer Kirche zur anderen. Die russischen Christen dort waren wie von einer glühenden Frömmigkeit getragen. Mit tiefen Verneigungen grüßen sie die Ikonen. Wir erlebten das flehende Gebet eines kontemplativen Volkes. Am Tag vor Pfingsten bat mich der Metropolit, zunächst zu den Seminaristen und am Abend in der Kathedrale zu sprechen. Trotz der Einschränkungen, die dem russischen Volk damals auferlegt waren, sah man in den Kirchen erstaunlich viele junge Gesichter.

Drei Monate später, im September 1978, reiste Metropolit Nikodim trotz seines schlechten Gesundheitszustands nach Rom, wo Papst Johannes Paul I. in sein Amt eingeführt wurde. Wir begegneten uns dort. Während die anwesenden Delegationen nach dem Gottesdienst darauf warteten, vom neuen Papst empfangen zu werden, unterhielten wir uns mit dem Metropoliten. Er sagte noch, er werde bald wieder nach Taizé kommen; dann wurde er geholt. Er betrat die Räume des Papstes, ein Geräusch war zu hören, und kurz darauf hieß es, er sei ganz plötzlich an seinem sechsten Herzinfarkt in den Armen des Papstes gestorben. Sein Leichnam wurde in einer kleinen

Kapelle aufgebahrt, wo Frère Max und ich noch die Gelegenheit hatten, neben ihm zu beten.

Der Metropolit lebte aus einer tiefen Hoffnung auf Gemeinschaft. In seiner Gegenwart spürte man: Das Geheimnis der orthodoxen Seele liegt im Gebet, das sich der Kontemplation öffnet.

Mehr denn je stellt sich heute die Frage: Werden die Christen in Ost und West ein tiefes Vertrauen zueinander finden? Viele Christen im Westen lieben ihre Brüder und Schwestern im Osten, die durch große Bedrängnis gegangen sind; man sieht ihnen an, wie viel ihnen die Gemeinschaft bedeutet.

Meine Liebe zur orthodoxen Kirche wurde bereits in der Kindheit geweckt. Wir hatten zu Hause gelegentlich orthodoxe Christen aus Russland zu Gast, die im Ersten Weltkrieg ihr Land verlassen mussten. Ich bekam ihre Gespräche mit und meine Mutter erzählte mir, was diese Menschen durchgemacht hatten. Später wohnten wir in der Nähe einer russisch-orthodoxen Kirche, nahmen dort am Gottesdienst teil und hörten die schönen Gesänge. Ich sah die Gesichter der Anwesenden und versuchte, mir das Leid dieser Christen aus Russland vorzustellen.

In den letzten Jahren kommen viele Jugendlichen aus Russland, Belarus, der Ukraine, Rumänien, Serbien und Bulgarien nach Taizé und wir bemühen uns, auf sie einzugehen. Viele orthodoxe Christen sind trotz allem, was sie durchlebt haben, in der Lage, zu lieben und zu vergeben! Die Güte des Herzens gehört für sie untrennbar zum Leben. Sie sind Zeugen des Vertrauens auf den Heiligen Geist. Die Auferstehung steht für sie im Zentrum; damit erinnern sie uns an das Wesentliche des Glaubens.

Jesus, unser Frieden, dein Heiliger Geist
öffnet uns immer wieder einen Weg,
auf dem wir uns Gott überlassen können.
Wir begreifen: Die Liebe besteht darin,
Gemeinschaft zu leben mit Gott
und mit den Menschen,
die uns anvertraut sind.

Vom Zweifel zum Vertrauen

Das Dunkel der Seele wird hell

Wir leben in einer Welt, in der es Licht und Finsternis gibt.[61] Manchmal überkommen uns Zweifel, obwohl wir uns nach dem Licht sehnen. Dostojewski, ein Glaubender aus Russland, schrieb mit großer Gelassenheit: „Ich bin ein Kind von Zweifel und Unglauben. Die Sehnsucht nach dem Glauben quälte mich und quält mich noch immer! Je mehr Argumente ich gegen den Glauben finde, desto stärker wird diese Sehnsucht. ... Mein ‚Hosanna‘ ist durch den Schmelztiegel des Zweifels gegangen.“[62]

Und doch konnte Dostojewski sagen: „Es gibt nichts Schöneres, ja es kann gar nichts Schöneres, Tieferes und Vollkommeneres geben als Christus.“[63]

Dostojewski, ein Mann Gottes, deutete an, dass in ihm ein Glaubender und ein Nichtglaubender wohne. Doch dies erschüttere nicht seine tiefe Liebe zu Christus.

Glücklich ist, wer seinen Zweifel ablegen und sich dem demütig strahlenden Vertrauen auf Gott nähern kann! Wie sich der Morgennebel auflöst, wird die Nacht der Seele hell. Ein solches Vertrauen nährt keine Illusionen; es drängt uns vielmehr, aktiv zu sein und uns zu bemühen, den Nächsten zu verstehen und zu lieben.

Vor Jahren wohnten wir zu mehreren Brüdern einige Zeit in einem Elendsviertel von Kalkutta.

Mutter Teresa lud mich ein, am Nachmittag mit ihr Leprakranke zu besuchen, die auf ihren Tod warten. Vormittags versorgte ich mit einem meiner Brüder, der Arzt ist, schwerkranke Kinder. Diese Erfahrung, dass Kinder in unseren Armen starben, werde ich nie mehr vergessen.

Vom ersten Tag an versorgte ich ein vier Monate altes Mädchen, dessen Mutter kurz nach der Geburt gestorben war. Man sagte mir, dass es vielleicht nur noch kurze Zeit leben werde. Mutter Teresa legte es mir in den Arm und bestand darauf, dass wir es nach Taizé mitnehmen und dort behandeln lassen.

Zunächst fragte ich mich: „Und, was geschieht, wenn dieses Kind meine Angst spürt, dass es sterben könnte?“ Doch dann sagte ich mir: „Lass aus deinen Sorgen Vertrauen des Glaubens werden! Vertraue dieses Kind, solange es lebt, Gott an. Und wenn du es in deine Arme nimmst, kann es vielleicht in seinem kurzen Leben einmal das Glück des Vertrauens erfahren.“

In Taizé angekommen, betraten die Brüder mein Zimmer, um das Kind zu sehen. Ich legte das kleine Mädchen, wir nannten sie Marie, auf mein Bett und zum ersten Mal brabbelte sie wie ein glückliches Baby.

Marie hat überlebt und wuchs bei meiner Schwester Geneviève auf. Heute ist sie erwachsen, ich bin ihr Pate und liebe sie, als wäre sie mein Kind.

„Suche, und du wirst finden!“

Manchmal scheint Gott sich zurückzuziehen. Menschen sind verstört, weil sie den Eindruck haben, Gott würde schweigen. Besteht das Vertrauen des Glaubens nicht darin, zu Gott, der uns liebt, auch dann „Ja“ zu sagen, wenn alles in uns schweigt?[64] Der Glaube ist wie ein Schritt des Vertrauens, den man immer und immer wieder geht.

Denken wir daran: Nicht unser Glaube hat Gott erschaffen; daher kann unser Zweifel ihn auch unmöglich ins Nichts stoßen. Und selbst, wenn wir Christus nicht spüren: Seine geheimnisvolle Gegenwart verlässt uns nie.[65] Er mag uns abwesend vorkommen, doch wir staunen immer wieder, dass er bei uns ist.

Wenn Sorgen uns das Vertrauen des Glaubens nehmen, fragt sich manch einer: „Habe ich den Glauben verloren?“ – Nein, unser Unglauben bricht nur hin und wieder durch, nichts weiter.

Das Evangelium lädt uns immer wieder ein, auf Christus zu vertrauen, um in ihm ein kontemplatives Leben zu finden.[66] Christus sagt zu jedem von uns diese Worte des Evangeliums: „Suche, suche, du wirst finden.“[67]

Glücklich ist, wer vom Zweifel zum einfachen Vertrauen hinübergehen kann! Meine Mutter kam einmal in hohem Alter auf ihre Mutter zu sprechen und sagte: „Wir liebten und bewunderten deine Großmutter, aber du weißt vielleicht nicht, wie schwer es ihr fiel zu glauben." Ich antwortete: „Doch, ich weiß es, und deshalb liebe ich sie umso mehr."

Meine Großmutter hatte ein schweres Leben. Ihr Vater und ihre drei Brüder waren an Tuberkulose gestorben. Später verlor sie auch noch einen ihrer Söhne. In ihrer Bibel, in der sie sich Anmerkungen machte, fand ich dieses Gebet, das sie an Gott gerichtet hatte: „Ich bin nicht geschaffen, um zu kämpfen ... Ich zweifle ... Steh mir bei!" Und: „Herr, wir halten diesen Kampf nicht durch; aber gerade deshalb bleiben wir in deiner Nähe und verlassen dich nicht."

Mein Glaube, das kann ich sagen, wurde in meiner Jugend erschüttert. Ich zweifelte zwar nicht daran, dass es Gott gibt, aber ich konnte mir nicht vorstellen, dass Gemeinschaft mit ihm möglich wäre. Ich wollte aufrichtig sein und wagte manchmal nicht einmal zu beten. Ich dachte, dazu müsse man Gott kennen.

Eines Tages, ich war noch jung, stieß ich in einem alten Buch auf einige Sätze in altertümlichem Französisch. Der Verfasser schrieb, man könne über Gott zwar keine Aussagen machen, aber Christus habe ihn uns bekannt gemacht: „Christus ist das Strahlen Gottes." Das habe ich nicht vergessen. Durch Christus begreifen wir, dass Gott uns liebt.[68]

Im Sommer 1937 wurde Lily, eine meiner sieben Schwestern, schwer krank. Als Kind hing ich sehr an ihr; ich konnte ihr zum Beispiel meine Gedichte diktieren. Mittlerweile hatte sie selbst fünf Kinder. Als mir klar war, dass man mit ihrem Tod rechnen musste, kamen mir Worte aus einem Psalm in den Sinn: „Mein Herz denkt an dein Wort: Sucht mein Angesicht. Dein Angesicht, Herr, will ich suchen."[69] Diese Worte klangen aufrichtig. Ich konnte niederknien und dieses Gebet sprechen. Ich begriff, dass der Glaube in mir war und dass er nur ein demütiges Vertrauen auf Gott sein konnte.

Sich Christus überlassen

Begreifen wir, dass Gott jeden Menschen beruft, auch wenn er nur einen kleinen Glauben hat? Doch worin besteht dieser Ruf? Das Evangelium sagt uns, dass es keine größere Liebe gibt als eine bedingungslose Selbsthingabe.[70]

Einige Personen vernehmen einen Ruf Gottes für das ganze Leben. Ihnen kommt dieses Gebet über die Lippen: „Heiliger Geist, du hältst diesen Ruf für immer lebendig; gib mir die Kraft, nicht auf halbem Weg stehenzubleiben." Mögen auch Zweifel kommen, die Sehnsucht nach Gott vergeht nicht. Vier Jahrhunderte nach Christus schrieb ein Glaubender namens Augustinus:

„Wenn du dich danach sehnst, Gott zu schauen, glaubst du bereits."[71] Allein schon der Wunsch, sich der Gegenwart Gottes zu öffnen, entzündet in uns ein Licht. Es leuchtet vielleicht nicht sehr hell, aber es hilft uns, durch lange Nächte zu gehen, in denen wir nichts sehen.

Wenn wir müde sind, oder wenn Langeweile und Enttäuschungen uns lähmen, müssen wir eine Entscheidung treffen. Wenn wir immer wieder alles dem Heiligen Geist überlassen, können wir stets neue Hoffnung schöpfen.

Einer der ältesten Brüder unserer Communauté trägt uns, indem er hin und wieder sagt: „Ich freue mich über jeden Augenblick meines Lebens." Wie kann er so etwas sagen, wo er doch, wie jeder Mensch, auch schwere Zeiten kennt? Er weiß, was es bedeutet, seiner Berufung treu zu bleiben. Um im Leben lebendig zu bleiben, sagt er oft nur: „Jesus – meine Freude, meine Hoffnung, mein Leben."

Vielleicht stehst du eines Tages auch völlig hilflos vor dem, was das Evangelium fordert. Schon ein Glaubender der ersten Stunde hat zu Christus gesagt: „Ich glaube", um sofort hinzuzufügen: „Hilf meinem Unglauben!"[72]

Vergiss nicht: Weder deine Zweifel noch dein Eindruck, Gott würde schweigen, können dir Gottes Heiligen Geist nehmen. Gott bittet dich, seine Liebe anzunehmen und dich im Vertrauen ganz einfach Christus zu überlassen.[73]

Gott aller Liebe,
noch bevor wir dich lieben,
liebst du und suchst jeden von uns.
So wird uns bewusst,
mit welch unendlicher Zuneigung
und welch tiefem Erbarmen
du auf jeden Menschen blickst.

Anmerkungen

1 Vgl. 1 Johannes 4,10.19.
2 Vgl. Lukas 15,4–10.
3 Lukaskommentar, V, 58 (eigene Übersetzung).
4 Vgl. Offenbarung 2,9.
5 Vgl. Matthäus 5,3–12.
6 Johannes 1,9.
7 Vgl. Johannes 1,1f.
8 Vgl. Johannes 14,9.
9 Vgl. Johannes 14,16–20.
10 Zweites Vatikanisches Konzil, Gaudium et Spes, 22.
11 Enzyklika „Redemptor Hominis", 14.
12 Olivier Clément, Taizé. Einen Sinn fürs Leben finden, S. 69.
13 Fragen an Thalassios, XV (eigene Übersetzung).
14 Vgl. Johannes 14,16–20.
15 Vgl. Matthäus 28,20.
16 Vgl. u. a. Anna Karenina, VIII,11.
17 2 Petrus 1,19.
18 Johannes 21,17.
19 1 Johannes 4,10.19.
20 Augustinus, Bekenntnisse, I,1.
21 Vgl. 1 Thessalonicher 5,19.
22 Matthäus 25,40.
23 Der Hirt des Hermas, Gebot 42,1.4.

24 Vgl. 1 Timotheus 2,4.
25 Markus 10,21.
26 Römer 8,26.
27 Vgl. Lukas 9,29 und Hebräer 5,7.
28 Vgl. Lukas 9,62.
29 Augustinus, Bekenntnisse, XII,10.
30 Vgl. Philipper 4,6f und Epheser 5,19.
31 Vgl. Philipper 1,21–26.
32 Vgl. Johannes 3,17.
33 Vgl. 1 Petrus 2,23 und Lukas 23,34.
34 Vgl. Kolosser 2,13.
35 1 Johannes 3,20.
36 2 Petrus 1,19.
37 Vgl. Exodus 13,21f.
38 Notes intimes, Paris 1984, S. 48 (eigene Übersetzung).
39 2 Korinther 12,10.
40 Geistliches Tagebuch, S. 242.
41 Vgl. Galater 2,20b.
42 Panorama (französische Monatszeitschrift), N° 340, Januar 1999, S. 29 (eigene Übersetzung).
43 1 Johannes 4,8.16.
44 Zitiert nach Olivier Clément, Taizé. Einen Sinn fürs Leben finden, S. 86.
45 Vgl. Johannes 11,32–36.
46 Vgl. Johannes 17,26.
47 Vgl. Matthäus 28,20b.
48 Vgl. Jesaja 53,2–4.
49 Vgl. Johannes 17,26 und Epheser 1,3–5.
50 Vgl. Matthäus 18,20 und Johannes 13,34f.
51 Vgl. Johannes 17,20–23.
52 Matthäus 5,24.

53 Vgl. Apostelgeschichte 4,32–35.

54 Service Orthodoxe de Presse (Pressedienst), N° 244, Januar 2000, S. 19 (eigene Übersetzung).

55 Vgl. Matthäus 19,14.

56 Frère Roger, Die Quellen von Taizé. Gott will, dass wir glücklich sind, S. 102f.

57 Ansprache an die Pfarrer der Diözese Rom (30. Januar 1959), zitiert nach: Herderkorrespondenz, 13. Jg., S. 274f.

58 Ansprache zur Eröffnung des Zweiten Vatikanischen Konzils (1. Oktober 1962). Vgl. Herderkorrespondenz 17 (1962/63), S. 85–88.

59 Ebd.

60 Vgl. Olivier Clément, Dialogues avec le Patriarche Athénagoras, 1969, S. 391 (eigene Übersetzung).

61 Vgl. Johannes 1,4f und Johannes 8,12.

62 Carnets de notes, zitiert in: Pierre Pascal, Dostoïevski, l'homme et l'œuvre, 1970, S. 361 (eigene Übersetzung); „Hosanna" ist ein hebräischer Ausruf der Dankbarkeit und des Gotteslobs.

63 Briefe, Bd. 1, An Natalja D. Fonwisina, 1984, S. 112.

64 Vgl. Psalm 42,4.6.

65 Vgl. Matthäus 28,20.

66 Vgl. Johannes 14,23.

67 Matthäus 7,7.

68 Johannes 17,26.

69 Psalm 27,8.

70 Vgl. Johannes 15,13.

71 Zitiert nach: Olivier Clément, Sources, 1982, S. 24 (eigene Übersetzung).

72 Markus 9,24.

73 Vgl. Johannes 15,9.